GRILLEN

Raffiniertes vom Rost

Autorin: Susanne Bodensteiner | Fotos: Jörn Rynio

DIE GU-QUALITÄTS-GARANTIE

Wir möchten Ihnen mit den Informationen und Anregungen in diesem Buch das Leben erleichtern und Sie inspirieren, Neues auszuprobieren. Bei jedem unserer Bücher achten wir auf Aktualität und stellen höchste Ansprüche an Inhalt, Optik und Ausstattung. Alle Rezepte und Informationen werden von unseren Autoren gewissenhaft erstellt und von unseren Redakteuren sorgfältig ausgewählt und mehrfach geprüft. Deshalb bieten wir Ihnen eine 100 %ige Qualitätsgarantie.

Darauf können Sie sich verlassen:
Wir legen Wert darauf, dass unsere Kochbücher zuverlässig und inspirierend zugleich sind.
Wir garantieren:

- dreifach getestete Rezepte
- sicheres Gelingen durch Schritt-für-Schritt-Anleitungen und viele nützliche Tipps
- eine authentische Rezept-Fotografie

Wir möchten für Sie immer besser werden:
Sollten wir mit diesem Buch Ihre Erwartungen nicht erfüllen, lassen Sie es uns bitte wissen! Nehmen Sie einfach Kontakt zu unserem Leserservice auf. Sie erhalten von uns kostenlos einen Ratgeber zum gleichen oder ähnlichen Thema. Die Kontaktdaten unseres Leserservice finden Sie am Ende dieses Buches.

GRÄFE UND UNZER VERLAG
Der erste Ratgeberverlag – seit 1722.

INHALT

TIPPS UND EXTRAS

8 FLEISCH & GEFLÜGEL

28 FISCH & MEERESFRÜCHTE

46 GEMÜSE, KÄSE & TOFU

Das grüne Blatt bei den Rezepten heißt fleischloser Genuss: Mit diesem Symbol sind alle vegetarischen Gerichte gekennzeichnet.

HEISSE FAVORITEN

Eine gelungene Grillparty beginnt bei der sorgfältigen Auswahl der Zutaten. Ob beim Einkauf von Fleisch, Fisch, Obst oder Gemüse: Achten Sie auf Qualität!

FLEISCH UND GEFLÜGEL

Klasse statt Masse! Kaufen Sie Fleisch am besten bei einem guten Metzger oder im Bioladen frisch an der Theke. Gutes Puten- und Hähnchenfleisch bekommen Sie auch auf dem Wochenmarkt. Bevorzugen Sie durchwachsenes Fleisch, denn das bleibt beim Grillen schön saftig. Rindfleisch muss sehr gut abgehangen sein, sonst wird es zäh. Und mariniertes Fleisch oder Geflügel kaufen? Das ist nur beim Metzger Ihres Vertrauens empfehlenswert. Denn mit Marinaden kann getrickst werden: Da wird schlechte Fleischqualität mit Gewürzen übertüncht, zähes Fleisch mit »Zartmachern« bearbeitet. Das ist zwar nicht gesundheitsschädlich, aber auch nicht besonders appetitlich.

WURST

Klassische Rostbratwurst aus heimischer Produktion wird in der Regel mit Schweinefleisch hergestellt und enthält reichlich Fett. Magerer sind Lamm-, Puten- und Geflügelbratwürste. Besonders würzig schmeckt Rindsbratwurst. Probieren Sie mal die italienische Salsiccia, eine rohe Bratwurst, die mit Fenchel aromatisiert ist. Würzig scharf schmeckt Merguez, die aus Nordafrika stammt und durch die Chilipaste Harissa ihr Feuer erhält.

FISCH UND MEERESFRÜCHTE

Je schöner das Grillwetter, desto schneller verderben die Schätze aus dem Wasser. Genießen Sie deshalb Fisch und Meeresfrüchte am besten gleich am Einkaufstag. Topfrische Fische duften angenehm und haben eine glänzende, glatte Haut, fest anliegende Kiemen und klare Augen, Fischfilets und -koteletts sehen schön prall aus. Lassen Sie sich ganze Fische vom Händler grillfertig vorbereiten, also ausnehmen, schuppen oder filetieren. Zum Grillen sind auch Forellen oder Garnelen aus dem Eis gut geeignet. Sie sollten sie aber – am besten langsam im Kühlschrank – erst auftauen lassen, dann waschen, trocken tupfen und nach Geschmack würzen oder marinieren.

GRILLKÄSE

Klassiker auf dem Grill ist Halloumi, ein halbfester Schnittkäse aus Zypern, der aus Kuh-, Ziegen- und Schafmilch gewonnen wird, und der auf dem heißen Rost nicht »läuft«. Den besten bekommen Sie beim griechischen Feinkosthändler. In der Kühltheke größerer Supermärkte finden Sie auch andere Käse für den Grill. Bereiten Sie sie nach Anweisung zu. Doch Vorsicht: Die meisten schmecken vor allem trocken oder erinnern in ihrer Konsistenz an Gummi. Grilltauglicher Weichkäse, der neuerdings in den Supermarkt-Kühltheken liegt, ähnelt gebackenem Camembert, bloß ohne Panade.
Mit Preiselbeeren aus dem Glas, Feigensenf oder würzig-süßem Chutney gar nicht so schlecht. Wer Räucherkäse mag, grillt mal den italienischen Scamorza: 1 cm dicke Scheiben mit der braunen Haut kurz auf dem heißen Rost erhitzen. Auch sehr gut gereifte, feste kleine Ziegenkäse vertragen ein paar Minuten auf dem heißen Grillrost und schmecken wunderbar, z. B. auf Rucolasalat. Frischer Ziegenkäse aber ist zum Grillen nicht geeignet, er tropft blitzschnell in die Glut!
Übrigens: Manche Käsesorten, insbesondere traditionelle, wie z. B. Parmigiano Reggiano, werden mit tierischem Lab hergestellt und aus diesem Grund von strengen Vegetariern abgelehnt.

VEGANE SPEZIALITÄTEN

In Bioladen, Reformhaus und größeren Supermärkten finden Sie vegetarische Würstchen. Hauptzutat sind dabei der aus Sojabohnen gewonnene Tofu oder auch Seitan, ein Produkt aus Weizeneiweiß (Gluten). Außerdem gibt es Tofu-Steaks und Bratlinge auf der Basis von Gemüse, Sojabohnen oder anderen Hülsenfrüchten. Sehr gut grillen lässt sich fester Naturtofu. Da er relativ wenig Eigengeschmack hat, lassen Sie ihn zunächst unbedingt

in Marinade (z. B. Teriyaki (siehe S. 7)) oder Sojasauce marinieren und Geschmack annehmen. Oder kaufen Sie gleich fertig gewürzten Tofu und legen ihn einfach so auf den Grill. Mittlerweile bekommen Sie den eiweißreichen Superstar der vegetarischen Küche in vielen Varianten, z. B. mediterran gewürzt, mit Chili-Kick oder mit reichlich Kräutern aromatisiert.
Der cremige Seidentofu lässt sich zwar zu einem feinen Dip verarbeiten, zum Grillen aber ist er aufgrund seiner Konsistenz nicht geeignet.
Besonders grilltauglich dagegen ist Tempeh, der wie Tofu aus Sojabohnen gemacht wird und auch als »Sojabrot« bezeichnet wird. Er ist im Gegensatz zum Tofu zusätzlich fermentiert, d. h., mit einem Edelschimmelpilz verfeinert. Das macht ihn im Geschmack würziger. Außerdem punktet Tempeh auf dem Grill mit seiner festen Konsistenz.

SCHNELLE KLEINIGKEITEN

Grillkäse und Würstchen lassen sich »einfach so« auf den Grill werfen. Es gibt aber auch noch andere Ideen fürs unkomplizierte Grillvergnügen.

1 Ananas schälen, den Strunk ausstechen und die Ananas in fingerdicke Ringe schneiden. Ganz dünn mit flüssigem Honig bepinseln und von jeder Seite kurz bei starker Hitze grillen. Mit zerkrümelten Kokoschips bestreut servieren.

2 Gemüse-Käse-Päckchen Für 1 Päckchen ½ Stange Lauch, 1 kleinen Zucchino oder ½ Paprikaschote putzen, waschen und klein schneiden. Auf ein großes Stück Alufolie häufeln und mit Salz und Pfeffer würzen. 50 g Gorgonzola, Mozzarella, Feta- oder Ziegenkäse würfeln und 2–3 geviertelte Cocktailtomaten darüberstreuen. Mit Salz, Pfeffer, 1 gehackten Knoblauchzehe und 1 EL frisch gehackten Kräutern würzen, mit Olivenöl beträufeln. Folie verschließen und die Päckchen bei mittlerer Hitze auf dem heißen Rost 10–12 Min. grillen.

3 Süßkartoffeln waschen, gründlich abbürsten, trocken tupfen und in 1 cm dicke Scheiben schneiden. Die Scheiben rundum gut mit Öl bepinseln und auf dem Grill bei schwacher bis mittlerer Hitze in 15–20 Min. weich braten. Mit Meersalz, Chilipulver und frischem Thymian bestreut servieren.

4 Früchte-Päckchen Für 1 Päckchen 100 g gemischtes Obst (z. B. Pflaume, Birne, Beeren und/oder Aprikose) waschen, putzen und klein schneiden. Früchte mischen und auf ein großes Stück Alufolie häufeln. Mit 1 TL Zitronensaft oder Limoncello beträufeln und mit 1–2 TL Puderzucker bestäuben. Päckchen verschließen und bei mittlerer Hitze auf dem heißen Rost ca. 15 Min. garen. Päckchen öffnen und mit 1 Kugel Vanilleeis servieren.

SCHNELLE BEGLEITER

Nur noch 15 Minuten bis zum Angrillen? Zeit genug, um noch schnell einen Salat, einen Dip oder eine Sauce zu machen!

1 Schnittlauch-Zitronen-Dip (für 4 Portionen)
200 g Crème fraîche, 100 g Joghurt, je 1 TL Bio-Zitronenschale und -saft, grob gemahlenen Pfeffer und 3 EL Schnittlauchröllchen verrühren. Nach Belieben noch 1 hart gekochtes, fein gewürfeltes Ei unterrühren. Dip mit Salz und Pfeffer würzen.

2 Minze-Avocado-Creme (für 4 Portionen)
2 weiche Avocados halbieren, Steine entfernen. Fruchtfleisch herauslöffeln, mit 2 EL Frischkäse und je 1 EL Zitronensaft und Olivenöl pürieren. Blättchen von 2–3 Stängeln Minze hacken und unterrühren. Creme mit Chilipulver, Salz, Zitronensaft, Pfeffer und Zucker würzen, nach Belieben mit Sonnenblumenkernen bestreuen.

3 Teriyakisauce 50 ml Sojasauce, 50 ml Mirin-Reiswein (ersatzweise Sherry), 1 EL braunen Zucker, 1 TL geriebenen Ingwer und 100 ml ungesalzenen Gemüsefond aufkochen und alles auf ca. 6 EL einköcheln lassen, bis die Sauce sämigklebrig ist. Auch super als Marinade.

4 Bunter Salat (für 4 Portionen)
125 g (1 Päckchen) Mini-Mozzarellakugeln halbieren. 150 g Datteltomaten waschen und halbieren. 1 kleinen Zucchino waschen, längs vierteln, in Scheiben schneiden. 1 gelbe Paprikaschote und 3 Frühlingszwiebeln waschen, putzen und in feine Ringe schneiden. Salat mit einer Vinaigrette aus 1 EL Balsamico bianco, 1 TL Dijonsenf, 1 Prise braunem Zucker und 2 EL Olivenöl anmachen. 1 kleine Handvoll grob geschnittene Basilikumblätter untermischen, alles mit Salz und Pfeffer würzen.

FLEISCH & GEFLÜGEL

Für mich muss nicht der ganze Rost voll Fleisch liegen. Aber ein rosa gebratenes Scheibchen vom Ochsenkotelett, rosmarinwürzige Spieße mit Pute und Oliven oder knusprige Chicken-Wings – die lasse ich mir gern schmecken. Und manchmal darf's auch rustikaler Schweinenacken sein, würzig mariniert und mit Dunkelbier-Zwiebeln – einfach lecker!

STEAK MIT TOMATEN-PFIRSICH-SALSA

Das Fleisch sollte auf jeden Fall gut abgehangen und durchwachsen sein. Nur dann wird es butterzart. Statt Rumpsteaks können Sie auch Filet-, Lenden- oder Hüftsteaks nehmen.

Für das Fleisch:
1 EL Zitronensaft
100 ml Olivenöl
2 Frühlingszwiebeln
1 kleines Bund mediterrane Kräuter
Pfeffer
4 Rumpsteaks (à ca. 200 g, gut 2 cm dick)
Öl zum Bepinseln

Für die Salsa:
1 Zwiebel
2 Knoblauchzehen
2 kleine grüne Chilischoten
1 reifer Pfirsich
1 EL Olivenöl
200 g pürierte Tomaten
1 EL Balsamico bianco
1 EL dunkler Agaven-Dicksaft
100-200 ml Gemüsebrühe
rosenscharfes Paprikapulver
Salz | Pfeffer

Fruchtig-feurig!

Für 4 Personen | 35 Min. Vorbereitung | mind. 4 Std. Ruhen | mind. 4 Min. Grillen
Pro Portion ca. 585 kcal, 39 g EW, 43 g F, 11 g KH

1 Zitronensaft mit dem Olivenöl verrühren. Die Frühlingszwiebeln putzen, waschen und hacken. Die Kräuter waschen und trocken schütteln. Blättchen abzupfen, grob hacken und mit den Frühlingszwiebeln und Pfeffer unter das Öl rühren. Die Steaks trocken tupfen, die Fettränder einschneiden. Die Steaks mit der Marinade in einen Gefrierbeutel geben. Beutel fest verschließen und durchkneten, damit sich Fleisch und Marinade gut verbinden. Fleisch im Kühlschrank mind. 4 Std. ziehen lassen.

2 Für die Salsa Zwiebel und Knoblauch schälen und fein hacken. Chili putzen, halbieren, je nach gewünschter Schärfe entkernen, waschen und fein hacken. Den Pfirsich schälen, das Fruchtfleisch in kleinen Stücken vom Stein schneiden.

3 Das Öl in einer Pfanne erhitzen. Zwiebel und Knoblauch darin in ca. 3 Min. glasig dünsten. Chili, Pfirsichstücke, pürierte Tomaten, Balsamico, Agaven-Dicksaft und 100 ml Brühe dazugeben, alles aufkochen und in 15–20 Min. einköcheln lassen, bis alles ketchupähnliche Konsistenz hat, dabei ab und zu umrühren und Brühe oder Wasser nachgießen. Evtl. noch etwas zerdrücken. Salsa mit Paprikapulver, Salz und Pfeffer abschmecken.

4 Das Fleisch 30 Min. vor Grillbeginn aus dem Kühlschrank nehmen und Zimmertemperatur annehmen lassen. Den Grill vorheizen. Den Rost mit Öl einreiben. Die Steaks aus der Marinade nehmen, trocken tupfen, pfeffern und salzen. Bei starker Hitze ca. 1 Min. angrillen, wenden und 1 weitere Min. stark grillen, dann bei schwacher bis mittlerer Hitze noch pro Seite 1–3 Min. weitergrillen. Neben dem Grill oder in einer Ruhezone auf dem Grill zugedeckt 5 Min. ziehen lassen.

OCHSENKOTELETT MIT CHIMICHURRI

Beim rosa gebratenen Ochsenkotelett werden nicht nur Cowboys schwach. Die würzige Chimichurri-Sauce macht für mich den Genuss perfekt.

Für die Chimichurri:
1 dickes Bund glatte Petersilie
2–3 Zweige Thymian
1 rote Zwiebel
2 Knoblauchzehen
2–3 gelbe oder rote Chilischoten
100 ml Sonnenblumenöl
knapp 40 ml Weißweinessig
1 TL Rohrohrzucker
Salz

Für das Ochsenkotelett:
2 Ochsenkoteletts mit Knochen (à ca. 600 g, ca. 3 cm dick)
4 EL Sonnenblumen- oder Olivenöl
grob gemahlener Pfeffer
Salz
Öl zum Bepinseln

Für echte Kerle

Für 4 Personen | 25 Min. Vorbereitung | 2 Std. Ruhen | mind. 8 Min. Grillen
Pro Portion ca. 635 kcal, 54 g EW, 45 g F, 4 g KH

1 Für die Chimichurri Kräuter waschen und trocken schütteln. Die Blätter sehr fein hacken. Zwiebel und Knoblauch schälen und fein hacken. Chilis waschen. 1 Schote mit den Kernen in hauchfeine Ringe schneiden oder hobeln und beiseitestellen. Restliche Schote(n) putzen, entkernen, halbieren und sehr fein würfeln.

2 Zwiebel, Knoblauch und Chiliwürfel in 2 EL Sonnenblumenöl bei schwacher Hitze ca. 5 Min. andünsten, aber keinesfalls bräunen. Mischung etwas abkühlen lassen. Den Essig mit Zucker und 1 TL Salz verrühren, restliches Öl unterrühren. Kräuter und Zwiebel-Chili-Mischung dazugeben und alles sehr gut verrühren. Chimichurri mind. 2 Std. ruhen lassen, dann noch mal abschmecken.

3 Die Ochsenkoteletts 1 Std. vor Grillbeginn aus dem Kühlschrank nehmen, rundherum mit dem Öl bepinseln, mit Pfeffer bestreuen und Zimmertemperatur annehmen lassen.

4 Den Grill vorheizen. Den Rost mit Öl einreiben. Koteletts darauf bei größter Hitze ca. 2 Min. grillen, dann wenden, salzen und erneut ca. 2 Min. grillen. Koteletts wieder wenden, salzen und ca. 2 Min. grillen. Erneut wenden und ca. 2 Min. grillen. Die Koteletts sind jetzt gerade »medium rare«, d. h., sie haben innen noch einen rohen Kern. Nach weiteren 2 Min. sind sie innen rosa. Wer sie stärker durchgebraten mag, grillt sie bei etwas reduzierter Hitze noch weitere 4 Min. Koteletts auf jeden Fall 5 Min. neben dem Grill oder auf einer Ruhezone auf dem Grill ziehen lassen. Dann in dünne Scheiben schneiden und mit Chimichurri und Chiliringen (für alle, die's besonders scharf mögen) genießen.

STEAK MIT SCHALOTTEN UND SHIITAKE

2 dicke Rumpsteaks (Lendensteaks à 250 g) | 4 EL Teriyakisauce (Asienladen oder selbst gemacht, siehe S. 7) | 4 kleine Schalotten | 100 g Shiitakepilze | 4 – 6 Spieße (Holzspieße vorher wässern!) | Öl zum Bepinseln

Grillen auf japanische Art

Für 4 Personen | 25 Min. Vorbereitung | 2 Std. Marinieren | mind. 8 Min. Grillen
Pro Portion ca. 140 kcal, 13 g EW, 8 g F, 4 g KH

1 Die Rumpsteaks in 2 – 3 cm große Würfel schneiden und in der Teriyaki-Sauce wenden.

2 Die Schalotten schälen und halbieren. Dickere Hälften in einzelne Schichten teilen. Die Shiitakepilze feucht abreiben. Stiele herausdrehen und wegwerfen. Pilze entsprechend der Größe der Fleischwürfel ganz lassen, halbieren oder vierteln.

3 Das marinierte Fleisch abwechselnd mit Schalotten und Pilzen auf die Spieße stecken.

4 Den Grill vorheizen. Den Rost mit Öl einreiben. Die Fleischspieße auf dem heißen Rost bei starker Hitze insgesamt 8 – 12 Min. grillen, dabei mehrmals wenden und mit Marinade bepinseln.

VARIANTE VEGGIE-SPIESSE MIT TOFU

Statt Rumpsteaks 400 g Naturtofu waschen, ganz leicht ausdrücken und in Würfel schneiden. Würfel nach Belieben einritzen oder einstechen und in 4 – 6 EL Teriyaki marinieren, am besten über Nacht. Dann mit Pilzen und Schalotten und/oder auch Zucchinistücken aufspießen und ca. 12 Min. grillen.

BUNTE KARIBIK-SPIESSE

je ½ TL Koriander-, Piment- und schwarze Pfefferkörner | 1 TL Chiliflocken | 6 EL Olivenöl | 2 EL weißer Rum (ersatzweise Limettensaft) | Salz | 1 TL brauner Zucker | 1 kleines Schweinefilet (ca. 500 g) | 1 kleiner Zucchino | 1 kleine rote Paprikaschote | ½ Ananas | 1 weiße Zwiebel | 2 EL weiße Sesamsamen | 8 Spieße (Holzspieße vorher wässern!) | Öl zum Bepinseln

Spicy!

Für 4 Personen | 25 Min. Vorbereitung | 20 Min. Marinieren | mind. 10 Min. Grillen
Pro Portion ca. 355 kcal, 30 g EW, 13 g F, 25 g KH

1 Gewürze und Chili in einem Mörser zerstoßen und mit Öl, Rum, ca. 1 TL Salz und Zucker zu einer Marinade verrühren. Fleisch trocken tupfen, Sehnen und Haut entfernen. Fleisch in ca. 3 cm große Würfel schneiden, in der Marinade wenden.

2 Den Zucchino waschen, putzen und in ½ cm dicke Scheiben schneiden. Die Paprikaschote halbieren, putzen, waschen und in 3 cm große Stücke schneiden. Ananashälfte längs halbieren, den Strunk entfernen. Ananas schälen und in Stücke schneiden. Die Zwiebel schälen, vierteln und in die einzelnen Schichten teilen.

3 Fleisch aus der Marinade nehmen und mit Zucchino-, Paprika-, Ananas- und Zwiebelstücken auf die Spieße stecken. Die Spieße auf einen großen Teller oder ein Tablett legen, mit übriger Marinade beträufeln und noch 10 – 20 Min. ziehen lassen.

4 Den Grill vorheizen, den Rost mit Öl einreiben. Die Spieße bei mittlerer Hitze 10 – 12 Min. grillen, dabei mehrmals wenden und mit Marinade bepinseln. Mit Sesam bestreuen und servieren. Dazu passt Limetten-Gurken-Joghurt (siehe S. 59).

SCHWEINENACKEN MIT DUNKELBIER-ZWIEBELN

Warum ich Schweinenacken selbst einlege? Weil ich dann gutes Fleisch wählen kann und sicher weiß, was alles in der Marinade steckt.

Für das Fleisch:
2 EL flüssiger Honig
gut 3 EL Dijonsenf
Pfeffer
6 EL Sonnenblumenöl
3 EL Ananassaft (ersatzweise 2 EL Zitronensaft)
½ Handvoll frische Majoranblättchen
4 dicke Scheiben Schweinenacken (Halsgrat) ohne Knochen (à ca. 200 g)
Salz
Öl zum Bepinseln

Für die Zwiebeln:
4 Zwiebeln
2 EL Öl
Salz | Pfeffer
3 EL flüssiger Honig
100 ml dunkles Bier

Für anspruchsvolle Holzfäller

Für 4 Personen | 30 Min. Zubereitung | mind. 4 Std. Marinieren | mind. 8 Min. Grillen
Pro Portion ca. 640 kcal, 37 g EW, 41 g F, 28 g KH

1 Den Honig, den Senf und grob gemahlenen Pfeffer mit einem Schneebesen verrühren. Öl und Ananassaft unterrühren. Majoran waschen und trocken schütteln. Die Blättchen abzupfen, hacken und mit der Marinade mischen.

2 Die Fleischscheiben mit der Marinade in einen Gefrierbeutel geben. Beutel fest verschließen und durchkneten, damit sich Fleisch und Marinade gut verbinden. Fleisch im Kühlschrank mind. 4 Std. oder auch über Nacht ziehen lassen.

3 Die Zwiebeln schälen und in dickere Ringe schneiden. Das Öl in einer Pfanne erhitzen. Zwiebeln darin bei starker Hitze anbraten und kräftig salzen und pfeffern. Mit dem Honig beträufeln und karamellisieren lassen. (Aber Achtung: Die Zwiebeln sollen dabei nicht schwarz werden.) Die Zwiebeln nach ca. 5 Min. mit dem Bier ablöschen. Alles aufkochen und dann bei sehr schwacher Hitze in 15–20 Min. einkochen lassen.

4 Das Fleisch 30 Min. vor Grillbeginn aus dem Kühlschrank nehmen und Zimmertemperatur annehmen lassen.

5 Den Grill vorheizen. Den Rost mit Öl einreiben. Die Marinade vom Fleisch abstreifen, z. B. mit einem Teigschaber. Die Fleischscheiben salzen und je nach Dicke bei mittlerer Hitze 4–6 Min. grillen, dann wenden und weitere 4–6 Min. grillen. Das Fleisch mit den Zwiebeln servieren.

SPARERIBS

Die Rippchen koche ich vor und lege sie für eine Nacht in würzige Marinade. Nicht typisch Texas, aber das knusprig-saftige Ergebnis spricht für sich!

2 rote Chilischoten
1 Zwiebel
3 Knoblauchzehen
2 TL getrockneter Thymian
Salz
1,6 kg fleischige Spareribs ohne Haut (Schälrippchen vom Schwein; vom Metzger in Stücke mit 3 – 4 Rippen teilen, große Rippen auch quer halbieren lassen)
3 EL Tomatenmark
1 EL Zitronensaft
2 EL Ahornsirup
6 EL Olivenöl
1 EL Aceto balsamico
1 TL Pimentón de la vera picante (Paprikapulver mit Rauchgeschmack; ersatzweise rosenscharfes)
Pfeffer

Finger-Food

Für 4 Personen | 15 Min. Vorbereitung | 40 Min. Garen | 24 Std. Marinieren | mind. 10 Min. Grillen
Pro Portion ca. 745 kcal, 37 g EW, 64 g F, 2 g KH

1 Reichlich Wasser in einem großen Topf aufkochen. Chilis waschen. Zwiebel und Knoblauch schälen. Zwiebel und 1 Knoblauchzehe halbieren, mit 1 Chilischote, 1 TL Thymian, knapp 1 EL Salz und den Rippchen ins sprudelnde Wasser geben. Die Rippchen im Sud bei mittlerer Hitze in 30 – 40 Min. weich kochen (Bild 1), dann abgießen, trocken tupfen und etwas abkühlen lassen.

2 Übrigen Knoblauch fein hacken. Chili putzen, waschen, halbieren, nach Belieben entkernen und sehr fein hacken. Knoblauch und Chili mit restlichem Thymian, gut 1 TL Salz, Tomatenmark, Zitronensaft, Ahornsirup, 5 EL Öl, Aceto balsamico, Paprika, Pfeffer und evtl. 1 – 2 EL Sud verrühren.

3 Die abgekühlten Spareribs mit der Marinade in einen Gefrierbeutel geben (Bild 2). Beutel verschließen und durchkneten, damit sich Fleisch und Marinade verbinden. Fleisch im Kühlschrank mind. 24 Std., am besten über Nacht, ziehen lassen.

4 Die Spareribs 1 Std. vor Grillbeginn aus dem Kühlschrank nehmen und Zimmertemperatur annehmen lassen.

5 Grill vorheizen. Den Rost mit restlichem Öl einreiben. Die Marinade von den Rippchen abstreifen, z. B. mit einem Teigschaber oder einem Pinsel (Bild 3). Rippchen 10 – 15 Min. bei mittlerer bis starker Hitze grillen, dabei immer mal wieder wenden und mit der abgestreiften Marinade einpinseln.

TIPP

Dazu schmeckt der Chili-Koriander-Dip (siehe S. 24) oder die Tomaten-Pfirsich-Salsa (siehe S. 10).

1

2

3

LAMMBURGER IM FLADENBROT

Vorsicht mit Harissa! Die marokkanische Chilipaste schmeckt höllisch scharf. Sensibelchen streichen sie nur hauchdünn aufs Fladenbrot.

1 rote Zwiebel
2 Knoblauchzehen
300 g Lammhackfleisch
Salz
Cayennepfeffer
Zimtpulver
gemahlener Koriander
50 g Schafskäse
1 Radicchio
1 Bio-Mini-Gurke
200 g Sahne-Joghurt
je 1 TL Saft und abgeriebene Schale von 1 Bio-Orange
4 kleine Fladenbrote (siehe Tipp)
1–2 TL Harissa (scharfe Chilipaste)
Öl zum Bepinseln

Orientalischer Hochstapler

Für 4 Personen | 20 Min. Zubereitung | mind. 30 Min. Ruhen | mind. 12 Min. Grillen
Pro Portion ca. 600 kcal, 29 g EW, 21 g F, 75 g KH

1 Zwiebel und 1 Knoblauchzehe schälen. Zwiebel halbieren. 1 Hälfte mit dem Knoblauch in sehr feine Würfel schneiden und mit dem Lammhack in eine Schüssel geben. Salz, Cayennepfeffer sowie je 1 Prise Zimt und Koriander dazugeben, alles gut mischen. Schafskäse sehr klein würfeln und unterkneten.

2 Aus der Masse 4 flache Burger formen. Burger mit Öl bepinseln und abgedeckt auf einem Teller für mind. 30 Min. kühl stellen.

3 Den Radicchio in Blätter teilen, waschen und trocken schleudern. Gurke waschen und dünn hobeln. Die übrige Zwiebelhälfte in feine Streifen schneiden. Joghurt mit Orangensaft und -schale verrühren. Restlichen Knoblauch schälen und dazupressen. Mit Salz, Cayennepfeffer und 1 Prise Koriander würzen.

4 Den Grill vorheizen. Den Rost mit Öl einreiben. Die Burger bei mittlerer Hitze 6–9 Min. grillen, wenden und weitere 6–9 Min. grillen. Inzwischen die Fladenbrote fast ganz durchschneiden, aufklappen und 1–2 Min. auf den Schnittflächen mitgrillen.

5 Die unteren Brotflächen dünn mit Harissa bestreichen. Radicchio, Gurken und Burger darauflegen. Zwiebeln und Joghurt darüber verteilen. Brote zusammenklappen und sofort genießen.

TIPP

Sie können auch 1 großes Fladenbrot vierteln. Oder die Brote selber machen: Den Teig für die Mini-Focaccia (siehe S. 58) vorbereiten und statt mit Meersalz und Thymian mit Sesamsamen bestreuen. Den Teig einige Minuten vor den Burgern auf den Grill legen, damit alles gleichzeitig fertig wird.

LAMMCHOPS IN THYMIAN-MARINADE

2 Knoblauchzehen | 1 kleines Bund Thymian | 6 EL Olivenöl | 1 EL flüssiger Honig | 1 Msp. gemahlener Kreuzkümmel | 1 TL rosenscharfes Paprikapulver | 2 EL Zitronensaft | 12 kleine Lammkoteletts (»Chops«; siehe Tipp) | Salz | Öl zum Bepinseln

Klassiker mit Orient-Touch

Für 4 Personen | 10 Min. Zubereitung | mind. 2 Std. Marinieren | mind. 4 Min. Grillen
Pro Portion ca. 485 kcal, 32 g EW, 39 g F, 2 g KH

1 Die Knoblauchzehen schälen und fein hacken. Die Thymianzweige waschen und trocken schütteln. Die Blättchen von der Hälfte der Zweige abstreifen und gründlich mit gehacktem Knoblauch und Olivenöl mischen. Anschließend den Honig mit Kreuzkümmel, Paprikapulver und dem Zitronensaft ebenfalls gleichmäßig unterrühren.

2 Die Lammkoteletts trocken tupfen. Die Fettränder leicht einschneiden. Lammkoteletts in der Marinade wenden, mit den restlichen Thymianzweigen bestreuen und mind. 2 Std. marinieren.

3 Das Fleisch 30 Min. vor Grillbeginn aus dem Kühlschrank nehmen und Zimmertemperatur annehmen lassen. Den Grill vorheizen. Den Rost mit Öl einreiben. Die Marinade vom Fleisch abstreifen, z. B. mit einem Teigschaber. Die Lammkoteletts salzen und bei starker Hitze knapp 1 Min. angrillen. Koteletts wenden und knapp 1 weitere Min. grillen, dann über mittlerer Hitze je nach Dicke der Koteletts weitere 1–3 Min. pro Seite grillen.

TIPP

Lammchops sind meistens Lammkoteletts. Doch auch grilltaugliche Scheiben aus dem Nacken oder von der Keule werden so genannt.

PUTENSPIESSE MIT TOMATEN UND OLIVEN

1 Bio-Zitrone | 5 EL Olivenöl | Salz |
1–2 Msp. Chiliflocken | 1 EL Rosmarinnadeln |
1 Knoblauchzehe | 400 g Putenbrust |
150 g Cocktailtomaten | 8 schwarze Oliven |
4 Spieße (Holzspieße vorher wässern!) |
1 Grillschale

Mediterran und unkompliziert

Für 4 Personen | 20 Min. Zubereitung |
mind. 1 Std. Marinieren | mind. 14 Min. Grillen
Pro Portion ca. 200 kcal, 25 g EW, 10 g F, 2 g KH

1 Die Zitrone heiß waschen und halbieren. 2 dicke Scheiben von jeder Hälfte abschneiden und vierteln. Den Saft aus den übrigen Hälften auspressen und 1 TL Schale abreiben.

2 In einer größeren Schüssel 4 EL Zitronensaft mit 4 EL Olivenöl, Salz, Chili und Rosmarin verrühren. Knoblauch schälen und dazupressen. Das Putenfleisch ca. 3 cm groß würfeln, mit der Marinade vermischen und 1 Std. marinieren.

3 Den Grill vorheizen. Die Tomaten waschen und mit Putenwürfeln, Zitronenvierteln und Oliven auf die Spieße stecken. Die Grillschale mit restlichem Öl bepinseln und auf den heißen Rost legen. Die Spieße in die Schale legen und bei mittlerer bis starker Hitze 14–15 Min. grillen; öfter wenden.

TIPP

Rosmarinzweige als Spieße verwenden. Dazu 4 kräftige große Rosmarinzweige waschen und trocken schütteln. Die Nadeln bis auf ein oberes Büschel abstreifen. Die Zweige am »kahlen« Ende leicht anspitzen und vor dem Aufspießen der Zutaten 20 Min. wässern.

ENTENBRUSTFILET IN ASIA-MARINADE

Durch das Grillen bekommt feines Entenbrustfilet einen Extra-Aroma-Kick. Ein Highlight – ob asiatisch oder wie in der Variante mediterran aromatisiert.

2 Stängel Zitronengras
1 TL abgeriebene Bio-Limettenschale
3 EL Sojasauce
6 EL Erdnussöl oder neutrales Öl
1 Stück frischer Ingwer (ca. 2 cm)
2 EL brauner Zucker
2 große Entenbrustfilets mit Haut (à ca. 300 g)

Einfach raffiniert

Für 4 Personen | 10 Min. Vorbereitung | mind. 2 Std. Marinieren | mind. 13 Min. Grillen
Pro Portion ca. 335 kcal, 28 g EW, 23 g F, 4 g KH

1 Das Zitronengras waschen und putzen, den unteren Teil sehr fein hacken und mit Limettenschale, Sojasauce und Öl mischen. Ingwer schälen und dazureiben. Den Zucker unterrühren.

2 Die Entenbrustfilets waschen und trocken tupfen. Falls nötig, die Sehnen wegschneiden. Die Haut rautenförmig einschneiden. Die Filets mit der Marinade in einen Gefrierbeutel geben. Den Beutel fest verschließen und gründlich durchkneten, damit sich Fleisch und Marinade gut verbinden. Anschließend die Filets im Kühlschrank mindestens 2 Std. marinieren.

3 Den Grill vorheizen. 1 Stück Alufolie auf den Rost legen und richtig heiß werden lassen. Die Entenbrustfilets aus der Marinade nehmen, trocken tupfen und bei mittlerer bis starker Hitze auf der Haut 6–7 Min. grillen, dann die Haut nochmals mit Marinade bepinseln und die Filets weitere 4–5 Min. auf der Haut grillen. Die Filets umdrehen und nochmals 3–4 Min. grillen, dann in einer Ruhezone auf dem Rost oder neben dem Grill ca. 5 Min. ruhen lassen. Dazu passt der schnelle Chili-Koriander-Dip (siehe Tipp).

VARIANTE

MEDITERRAN
Dafür rühre ich die Marinade aus 2 Knoblauchzehen, 1 TL abgeriebener Bio-Orangenschale, 1 EL Orangensaft, 2 EL Olivenöl, 2 EL Honig, 1 TL Meersalz und 1 EL Rosmarinnadeln. Die Entenbrustfilets werden dann genauso zubereitet.

TIPP

Für den Chili-Koriander-Dip 80 ml Sweet-Chili-Sauce mit 2 TL Sesamöl verrühren. 1 kleines Stück Ingwer dazureiben. Gut 1 EL Limettensaft, ½–1 TL Sojasauce und die fein gehackten Blättchen von ½ Bund Koriandergrün unterrühren.

HÄHNCHEN ORIENTAL

Chicken-Wings oder Drum-Sticks? Hier liegt für jeden ein Lieblingsstück auf dem Grill. Die Hähnchenhaut wird beim Grillen knusprig, das Fleisch bleibt darunter schön saftig.

1 Bio-Zitrone
1 TL rosenscharfes Paprikapulver oder Piment d'Espelette
je ½ TL gemahlener Kreuzkümmel und Koriander
1–2 Knoblauchzehen
1¼ TL frisch geriebener Ingwer
6 EL Olivenöl
1 EL Aprikosenkonfitüre
Salz
4 größere ganze Hähnchenkeulen (siehe Tipp)
4 fleischige Hähnchenflügel (Chicken-Wings)
Öl zum Bepinseln
1 große Grillschale oder 1 Stück Alufolie

Mit Aprikosenglasur

Für 4 Personen | 20 Min. Zubereitung | mind. 2 Std. Marinieren | mind. 35 Min. Grillen
Pro Portion ca. 460 kcal, 40 g EW, 32 g F, 2 g KH

1 Die Zitrone heiß waschen. Den Saft auspressen, 1 TL Schale abreiben. Gut 4 EL Zitronensaft und die Schale mit Paprikapulver, Kreuzkümmel und Koriander in einer großen Schüssel verrühren. Den Knoblauch schälen und dazupressen. Den Ingwer dazugeben. Das Olivenöl unterrühren. Für die Glasur gut 1 EL der Würzmischung in einem kleinen Schälchen mit Aprikosenkonfitüre und 1 TL Salz verrühren und fürs Grillen beiseitestellen.

2 Die Hähnchenteile waschen und trocken tupfen. Die Keulen am Gelenk teilen. Von den Hähnchenflügeln, falls nötig, die Spitzen abschneiden. Alle Teile in die große Schüssel geben und in der Marinade wälzen. Mind. 2 Std. im Kühlschrank marinieren.

3 Den Grill vorheizen. Die Grillschale oder Alufolie mit Öl bepinseln und auf den heißen Rost legen. Die Schenkelstücke darauflegen und bei mittlerer Hitze insgesamt ca. 30 Min. unter Wenden grillen, dabei nach ca. 5 Min. auch die Hähnchenflügel dazulegen und ca. 25 Min. mitgrillen.

4 Dann die Schenkel und Flügel mit der Konfitüre-Mischung bepinseln. Die Teile weitere 5–10 Min. grillen, bis das Fleisch durchgegart und die Haut schön dunkel und knusprig ist. (Garprobe: An einer dickeren Stelle mit einem Stäbchen in das Hähnchenfleisch einstechen. Es muss klarer Saft herauslaufen.)

TIPP

Sie können auch 1 ganzes Bauernhähnchen (1,2–1,4 kg) kaufen und vom Händler ohne den Hals in acht Stücke teilen lassen. So erhalten Sie 2 Schenkel, 2 Flügel und 4 Stücke Hähnchenfilet, die dank der schützenden Haut auf dem Grill nicht austrocknen. Diese Filetstücke brauchen etwa so lang wie die Schenkelstücke.

FISCH & MEERESFRÜCHTE

Dass man Fisch sehr gut grillen kann, habe ich in Südfrankreich gelernt. Und das ist das Wunderbare: Wenn ich nun hier ganze Fische oder Filets auf den Grill lege, bekomme ich gleich Urlaubslaune. Auch wenn's kein mediterraner Steinbeißer ist, sondern ein feiner Saibling aus unseren Seen.

LACHSKOTELETT IN PASTIS MIT TAPENADE

Das ist mein Traumpaar für einen schönen Sommerabend: anisaromatischer Lachs vom Grill und dazu würzige Olivenpaste.

Für den Lachs:
4 EL Orangensaft
2 EL Olivenöl
2 EL Pastis (Anisschnaps; ersatzweise Ouzo)
1 TL grüner Pfeffer (frisch oder eingelegt)
1 kleine Zwiebel | Salz
4 nicht zu dicke Lachskoteletts (à 240 – 250 g)
Öl zum Bepinseln

Für die Tapenade:
100 g schwarze Oliven
2 EL Kapern
½ TL grüner Pfeffer (frisch oder eingelegt)
1 Knoblauchzehe
3 – 4 Stängel glatte Petersilie
4 EL Olivenöl
4 in Öl eingelegte getrocknete Tomaten
Salz | Pfeffer

Wie in Südfrankreich

Für 4 Personen | 20 Min. Vorbereitung | mind. 30 Min. Marinieren | mind. 8 Min. Grillen
Pro Portion ca. 695 kcal, 49 g EW, 54 g F, 3 g KH

1 Für den Lachs Orangensaft, Olivenöl und Pastis verrühren. Den grünen Pfeffer fein hacken. Die Zwiebel schälen, in dünne Ringe schneiden und mit grünem Pfeffer und etwas Salz unterrühren.

2 Die Lachskoteletts kalt abspülen, trocken tupfen und mit der Marinade in einen Gefrierbeutel geben. Beutel fest verschließen und vorsichtig durchkneten, damit sich Koteletts und Marinade gut verbinden. Koteletts mind. 30 Min. marinieren.

3 Für die Tapenade die Oliven, falls nötig, von den Steinen schneiden und mit Kapern und grünem Pfeffer grob hacken. Knoblauch schälen und dazupressen. Die Petersilie waschen und trocken schütteln. Blättchen abzupfen und mit der Olivenmischung und dem Öl in einen hohen Becher geben. Alles fein pürieren. Eingelegte Tomaten abtropfen lassen, sehr fein hacken und unterrühren. Die Tapenade vorsichtig mit Salz und Pfeffer abschmecken.

4 Den Grill vorheizen. Den Rost mit Öl einreiben. Die Marinade von den Koteletts abstreifen, z. B. mit einem Teigschaber. Die Lachskoteletts mit Öl bepinseln. Koteletts je nach Dicke bei mittlerer Hitze 4 – 6 Min. grillen, dann wenden und weitere 4 – 6 Min. grillen. Mit der Tapenade servieren.

TIPPS

Wer mag, legt zusätzlich noch ein paar Scheiben von 1 Bio-Zitrone mit auf den Grill und reicht sie zu den Lachskoteletts. Statt Olivenöl können Sie für die Tapenade auch etwas von dem Öl der eingelegten Tomaten mit verwenden.

GARNELEN, ZUCCHINI UND THAI-GREMOLATA

1 kleines Bund Thai-Basilikum | 1 rote Chilischote | 1–2 Stängel Zitronengras | abgeriebene Schale von ½–1 Bio-Limette | 4 EL Öl | 2 EL Fischsauce (ersatzweise Sojasauce) | Pfeffer | 200 g aufgetaute TK-Riesengarnelen | 1 Zucchino | 2 EL gesalzene geröstete Cashewkerne | Salz | Öl zum Bepinseln | 4 Spieße (Holzspieße vorher wässern!)

Thailand trifft Italien

Für 4 Personen | 15 Min. Vorbereitung | mind. 5 Min. Grillen
Pro Portion ca. 140 kcal, 11 g EW, 9 g F, 4 g KH

1 Thai-Basilikum waschen und trocken schütteln. Die Blättchen fein hacken. Chili putzen, halbieren, entkernen und waschen. Zitronengras putzen, den unteren Teil mit der Chili sehr fein hacken, mit Limettenschale und Basilikum mischen.

2 Das Öl mit 1 EL der zuvor zubereiteten Gremolata, der Fischsauce und Pfeffer verrühren. Die aufgetauten Garnelen kalt abspülen und gut trocken tupfen. Den Zucchino waschen, trocken tupfen und in garnelendicke Scheiben schneiden. Garnelen und Zucchini abwechselnd auf die Spieße stecken, dabei die Zucchinischeiben quer durchstechen und die Garnelen jeweils oberhalb und unterhalb der Zucchini aufstecken. Garnelen und Zucchini mit dem Würzöl bepinseln und nach Belieben etwas ziehen lassen. Cashews fein hacken und unter die übrige Gremolata mischen.

3 Den Grill vorheizen. Den Rost mit Öl einreiben. Garnelenspieße trocken tupfen, salzen und bei mittlerer bis starker Hitze je nach Größe der Garnelen 5–8 Min. grillen, dabei einmal wenden. Mit der Limetten-Gremolata bestreut servieren.

ZANDER IM PANCETTAMANTEL

400 g Zanderfilet | 4 EL Zitronensaft | Pfeffer | Salz | 2 – 3 Zweige möglichst zarter Rosmarin | ca. 12 dünne Scheiben Pancetta oder Räucherspeck | Chilifäden zum Garnieren (nach Belieben) | Öl zum Bepinseln | 4 Spieße (Holzspieße vorher wässern!)

Gut vorzubereiten

Für 4 Personen | 30 Min. Vorbereitung | mind. 4 Min. Grillen
Pro Portion ca. 560 kcal, 26 g EW, 50 g F, 0 g KH

1 Das Zanderfilet kalt abspülen, trocken tupfen und mit den Fingerspitzen auf Gräten untersuchen. Ertastete Gräten mit einer Pinzette aus dem Fischfilet ziehen. Fischfilet in 2 – 3 cm breite Stücke, diese in Würfel schneiden, dünne Filetstücke dafür übereinanderlegen. Alle Stücke mit Zitronensaft beträufeln, kräftig pfeffern und leicht salzen.

2 Rosmarin waschen und trocken schütteln. Zarte Zweige in ca. 12 kleine Büschel teilen. Von härteren Rosmarinzweigen die Nadeln abstreifen.

3 Von den Pancetta- oder Speckscheiben Schwarte und Knorpel entfernen. Die Zanderwürfel mit Rosmarin belegen, mit dem Speck umwickeln und locker auf die Spieße stecken.

4 Den Grill vorheizen. Den Rost mit Öl einreiben. Die Spieße mit Öl bepinseln und bei mittlerer Hitze 4 – 6 Min. grillen, dabei einmal wenden. Die Spieße mit Chilifäden bestreut servieren.

KRÄUTER-SAIBLING AUS DER FOLIE

Umhüllt von Folie gelingen auch solche empfindlichen Fische ganz wunderbar – und das auch noch in Rekordzeit!

1 dickes Bund gemischte Gartenkräuter (z. B. Dill, Kerbel, Schnittlauch und/oder Zitronenmelisse)
5 kleine milde Chilischoten
½ Bio-Zitrone
3 – 4 EL weiche Butter
4 kleine küchenfertige Saiblinge oder Forellen (à ca. 400 g)
Salz | Pfeffer

Genuss aus der Region

Für 4 Personen |
20 Min. Vorbereitung |
mind. 10 Min. Grillen
Pro Portion ca. 280 kcal, 41 g EW, 13 g F, 0 g KH

1 Die Kräuter und Chilischoten waschen. Kräuter trocken schütteln. 1 Handvoll Kräuterblättchen abzupfen und mit ein paar Schnittlauchhalmen hacken. Die Zitronenhälfte heiß waschen und trocken reiben. Dann gut 1 TL von der Schale abreiben. Die Zitrone in dünne Scheiben schneiden und diese halbieren. 1 Chilischote putzen, entkernen, hacken und mit den gehackten Kräutern und der Zitronenschale mischen.

2 Vier große Stücke Alufolie bereitlegen und mit Butter bestreichen. Die Fische waschen und trocken tupfen. Fische auf jeder Seite 3- bis 4-mal schräg einschneiden, innen und außen salzen und pfeffern und mit der Hälfte der Chili-Kräuter einreiben. Fische auf die Alufolien legen. Die übrigen noch ganzen Kräuter mit den Zitronenstücken und je 1 ganze Chilischote in die Bauchhöhlen der Fische geben. Restliche Butter in Flöckchen darauf verteilen. Die Folien über den Fischen sehr gut verschließen.

3 Den Grill vorheizen. Die Fische bei mittlerer Hitze 5 – 7 Min. grillen, wenden und weitere 5 – 7 Min. grillen. Päckchen öffnen und Garprobe machen. (Die Rückenflosse muss sich leicht herausziehen lassen.) Dann die Fische mit den restlichen Chili-Kräutern bestreuen. Dazu passt ein Schnittlauch-Zitronen-Dip (siehe S. 7).

TIPP

Saiblinge oder Forellen aus unseren Seen haben ein zartes Fleisch und eine dünne Haut. Sie sollten deshalb nicht direkt auf dem heißen Rost liegen. Wer ein Fischgrillgitter hat, kann die Fische auch darin grillen. So bekommen sie eine schöne »Knusperhaut« und haften trotzdem nicht an.

THUNFISCHSTEAK MIT VANILLEBUTTER

Thunfisch wird auf dem Grill genial. Die Butter dazu würze ich mit Vanille und aromatischem Pfeffer. Eine Hammer-Kombination!

Für die Butter:
100 g weiche Joghurtbutter
½ kleine Vanilleschote
½ Stange Langpfeffer
½ TL schwarze Pfefferkörner
Salz
1–2 Msp. abgeriebene Bio-Limettenschale

Für die Thunfischsteaks:
1 kleines Stück Lauch (ca. 10 cm)
1 Stange Staudensellerie
1 EL gehackte glatte Petersilie
2 EL Limettensaft
5 EL Öl
4 Thunfischsteaks (à 170 g)
Salz
Öl zum Bestreichen

Edel

Für 4 Personen | 15 Min. Vorbereitung | mind. 30 Min. Marinieren | mind. 5 Min. Grillen
Pro Portion ca. 405 kcal, 44 g EW, 25 g F, 2 g KH

1 Butter glatt rühren. Die Vanilleschote längs aufschlitzen und das Mark herauskratzen. Beide Pfeffer in einem Mörser nicht zu fein zerstoßen und mit Vanillemark, ½ TL Salz und Limettenschale unter die Butter rühren. Butter abschmecken und kühl stellen.

2 Für den Thunfisch Lauch und Sellerie waschen, putzen und hacken. Mit Petersilie und Limettensaft verrühren. Das Öl unterschlagen. Die Thunfischsteaks kalt abspülen und trocken tupfen. Die Steaks mit der Marinade in einen Gefrierbeutel geben. Beutel gut verschließen und durchkneten, damit sich Fisch und Marinade verbinden. Mindestens 30 Min. marinieren.

3 Den Grill vorheizen. Den Rost mit Öl einreiben. Marinade von den Thunfischsteaks abstreifen, z. B. mit einem Teigschaber. Steaks trocken tupfen, ebenfalls mit Öl bepinseln, salzen und bei mittlerer Hitze insgesamt 5–6 Min. grillen, dabei einmal wenden. Wer einen rohen Kern im Thunfischfleisch mag, grillt die Steaks nur ca. 2 Min. pro Seite. Mit der Vanillebutter genießen.

VARIANTE KERBEL-SCHNITTLAUCH-BUTTER

Manchmal mag man's lieber bodenständig. Wie schön, dass der Thunfisch auch mit einer Kräuterbutter herrlich schmeckt! Dafür ½ Handvoll Kerbel waschen, trocken tupfen und fein schneiden. Mit 2 EL Schnittlauchröllchen, ½ TL Salz, Pfeffer und ½ TL abgeriebener Bio-Zitronenschale unter 100 g weiche Joghurtbutter rühren. Abschmecken, eventuell nachsalzen und im Kühlschrank fest werden lassen. Wer keine Joghurtbutter hat, mischt 80 g normale Butter mit 1 gehäuftem EL Frischkäse.

STEINBEISSER MIT GRILLTOMATE

Kein großer Aufwand, aber trotzdem raffiniert: Der Fisch liegt mit einem kleinen aromatischen Extra in einer Grillschale auf dem Rost. Auf diese Weise lassen sich auch andere Fischfilets grillen.

Für den Fisch:
1 Knoblauchzehe
1 kleines Bund Thymian
½ Bund glatte Petersilie
2 TL abgeriebene Bio-Zitronenschale
Salz | grob gemahlener Pfeffer
4 Stück Steinbeißerfilet (à ca. 150 g)
4 EL Olivenöl

Für die Tomaten:
½ Bund glatte Petersilie
3 – 4 EL grüne, mit Mandeln gefüllte Oliven
4 EL Olivenöl
1 Knoblauchzehe
1 – 2 EL Semmelbrösel
2 EL frisch geriebener Bergkäse
Salz | Pfeffer
4 flache kleine Ochsenherztomaten oder dunkle sizilianische Tomaten
Öl zum Beträufeln
2 große Grillschalen

Herrlich aromatisch

Für 4 Personen | 30 Min. Vorbereitung | mind. 9 Min. Grillen
Pro Portion ca. 475 kcal, 28 g EW, 36 g F, 9 g KH

1 Für den Fisch den Knoblauch schälen und sehr fein hacken. Kräuter waschen und trocken schütteln, von den Zweigen die Blättchen abstreifen und fein hacken. Knoblauch und Kräuter mit der Zitronenschale, 1 TL Salz und etwas Pfeffer vermischen.

2 Die Fischstücke kalt abspülen, trocken tupfen und auf Gräten untersuchen. Ertastete Gräten mit einer Pinzette herausziehen. Fischstücke großzügig mit dem Olivenöl bepinseln und mit knapp der Hälfte der Kräutermischung bestreuen.

3 Für die Tomaten Petersilie waschen und trocken schütteln. Blättchen mit Oliven sehr fein hacken und mit Olivenöl verrühren. Knoblauch schälen und dazupressen. Semmelbrösel und Bergkäse unterrühren. Alles mit Salz und Pfeffer abschmecken.

4 Die Tomaten waschen und trocken tupfen. Mit einem spitzen Messer die Stielansätze herausschneiden. Die Tomaten quer halbieren, leicht salzen und pfeffern.

5 Den Grill vorheizen. Die Grillschalen mit Öl bepinseln und auf den heißen Rost legen. Die Tomaten mit der Schnittfläche nach unten auf die Grillschalen legen und bei mittlerer bis starker Hitze 3 Min. grillen. Dann die Fischstücke danebenlegen und weitere 3 Min. mitgrillen. Tomaten umdrehen, Kräuter-Oliven-Mischung auf den Schnittflächen verteilen. Fisch ebenfalls wenden. Alles weitere 3 – 4 Min. grillen, dabei, falls möglich, den Grill schließen. Zum Schluss den Fisch mit restlicher Kräutermischung bestreuen. Dazu passt auch gut der Limetten-Gurken-Joghurt (siehe S. 59).

SCHNELLE VARIANTE

Statt Grilltomaten vorzubereiten können Sie auch ganz einfach einen Strauch gewaschene Cocktailtomaten (Stängel oben) und ein paar grüne Oliven zu dem Fisch in die Grillschale legen und mitgrillen.

FISCH-FRIKADELLEN MIT KORIANDER

Den Asia-Burger zaubern Sie ganz einfach aus dem Vorrat – absolut sonntagstauglich! Und mit einem raffinierten Dip trotzdem etwas Besonderes.

600 g TK-Fischfilets (z. B. Schellfisch, Kabeljau)
1 getrocknete Chilischote
3 – 4 Stängel Koriandergrün
1 Ei
2 – 4 EL Semmelbrösel
1 TL abgeriebene Bio-Limettenschale
Salz | Pfeffer
Öl zum Bepinseln
1 größere Grillschale

Mit Chili-Kick

Für 4 Personen | 2 Std. Auftauen | 10 Min. Zubereitung | mind. 8 Min. Grillen
Pro Portion ca. 170 kcal, 30 g EW, 3 g F, 7 g KH

1 Fischfilets bei Zimmertemperatur auftauen lassen (sie dürfen eiskalt oder noch leicht gefroren sein), waschen und trocken tupfen. In der Küchenmaschine oder mit einem großen Messer fein hacken, in eine Schüssel geben und nochmals trocken tupfen.

2 Chili fein zerbröseln. Koriander waschen und trocken schütteln. Blättchen abzupfen, fein hacken und mit Chili, Ei, 2 EL Bröseln und Limettenschale unter den Fisch mischen, salzen und pfeffern. Falls die Masse nicht zusammenhält, mehr Brösel untermengen.

3 Den Grill vorheizen. Aus der Masse 8 Frikadellen formen. Grillschale mit Öl bepinseln und auf den heißen Rost legen. Die Frikadellen mit Öl bepinseln und in der Schale bei mittlerer Hitze von beiden Seiten je 4 – 6 Min. grillen. Frikadellen mit Papaya-Chili-Dip (siehe Tipp) oder Tomaten-Confit (siehe S. 48) genießen.

TIPP

Für einen Papaya-Chili-Dip ½ kleine reife Papaya schälen und entkernen. Knapp ein Drittel des Fruchtfleischs fein würfeln, den Rest mit 1 – 2 EL Limettensaft, 1 Msp. Honig und etwas Salz pürieren. Papayawürfel, 2 fein gehackte Frühlingszwiebeln und feine Streifen von 1 grünen Chilischote unter das Püree rühren und alles mit Salz, gemahlenem Koriander und Cayennepfeffer kräftig abschmecken.

VARIANTE FISCH-FRIKADELLEN MIT ESTRAGON

Die Masse mit 2 EL gehacktem Estragon (oder TK-Schnittlauch) und 1 TL Senf statt mit Koriander und Chili würzen und mit Rouille (siehe S. 59) oder Senf und Ketchup genießen.

GEFÜLLTE KALAMARI

Kalamari brauchen Röstaromen. Deshalb schmecken sie vom Grill so wunderbar. Die cremig-kräuterfrische Füllung macht sie unwiderstehlich.

½ Bio-Zitrone
50 g Pecorino
200 g Ricotta
2 EL Olivenöl
1 kleines Bund Basilikum
2 – 3 Frühlingszwiebeln
2 Knoblauchzehen
1 – 2 EL Semmelbrösel
Salz | Pfeffer
ca. 500 g frische weiße Tintenfischtuben ohne Haut (Kalamari; am besten 8 – 10 cm lang; vom Fischhändler küchenfertig vorbereiten lassen)
Öl zum Bepinseln
Zahnstocher zum Verschließen (vorher wässern!)

Macht was her

Für 4 Personen | 20 Min. Vorbereitung | mind. 2 Min. Grillen
Pro Portion ca. 350 kcal, 29 g EW, 23 g F, 5 g KH

1 Die Zitrone heiß waschen und trocken reiben. Gut 1 TL Schale abreiben. Den Saft auspressen. Den Pecorino reiben und mit Ricotta, Olivenöl, 1 EL Zitronensaft und der Schale glatt rühren.

2 Basilikum waschen und trocken schütteln. Blättchen fein hacken. Frühlingszwiebeln waschen, putzen und mit dem zarten Grün sehr fein hacken. Knoblauch schälen und sehr fein hacken. Basilikum, Frühlingszwiebeln und Knoblauch mit knapp 1 EL Semmelbrösel unter die Ricottamasse rühren. Falls nötig, mehr Brösel untermischen (Bild 1). Die Ricottamasse sollte aber nicht zu fest werden. Mischung mit Salz und Pfeffer kräftig würzen.

3 Die Tintenfischtuben kalt abspülen, trocken tupfen und innen und außen salzen und pfeffern. Ricottamasse mit einem kleinen Löffel oder einem Spritzbeutel (siehe Tipp; Bild 2) hineinfüllen, die Öffnungen mit Zahnstochern verschließen (Bild 3). Achtung: Die Tuben sollten nur leicht, nicht prall gefüllt sein. Sie blähen sich beim Grillen leicht auf und würden dann platzen.

4 Den Grill vorheizen. Den Rost mit Öl einreiben. Gefüllte Kalamari großzügig mit Öl bepinseln. Bei großer Hitze 1 – 2 Min. scharf angrillen, wenden und weitere 1 – 2 Min. grillen, dann kurz neben dem Grill oder in einer Ruhezone auf dem Grill ruhen lassen.

TIPP

Je kleiner die Tintenfischtuben sind, desto mühsamer ist es, die Füllung mit einem Teelöffel reinzufummeln. Dann besser die Ricottamischung in eine kleine Plastiktüte geben. Ein kleines Loch an einer unteren Ecke in die Tüte schneiden. Nun können Sie die Füllung ganz bequem in die Tuben spritzen.

1

2

3

WOLFSBARSCH MIT FENCHEL

Mein Lieblingsfisch wird hier mediterran gewürzt. Dazu ein Glas Weißwein und frisches Baguette – und schon bin ich am Mittelmeer.

4 – 6 Salbeiblätter
4 Zweige Rosmarin
1 TL Fenchelsamen
Meersalz
grob gemahlener Pfeffer
2 küchenfertige Wolfsbarsche (Loup de Mer; à 700 – 800 g, vom Fischhändler schuppen und küchenfertig vorbereiten lassen)
½ Bio-Orange
2 – 3 Knoblauchzehen
Öl zum Bestreichen
Zahnstocher zum Verschließen (vorher wässern!)

Für Gourmet-Griller

Für 4 Personen | 20 Min. Vorbereitung | mind. 24 Min. Grillen
Pro Portion ca. 175 kcal, 20 g EW, 10 g F, 2 g KH

1 Salbei und Rosmarin waschen und trocken schütteln. Ca. 1 EL Rosmarinnadeln abzupfen, grob hacken und mit den Fenchelsamen, gut 1 EL Meersalz und ca. 1 EL Pfeffer mischen.

2 Die Fische gründlich kalt abspülen, mit Küchenpapier trocken tupfen und innen und außen mit der Kräuter-Salz-Mischung würzen. Die Orangenhälfte waschen, trocken tupfen und in Scheiben schneiden. Die Scheiben halbieren oder vierteln. Den Knoblauch schälen und die Zehen halbieren.

3 Knoblauchhälften, Orangenscheiben, Salbeiblätter und Rosmarinzweige in die Bauchhöhlen der Fische geben. Die Bauchhöhlen mit je 2 – 3 Holzstäbchen verschließen.

4 Den Grill vorheizen. Den Rost sehr gut mit Öl einreiben. Die Fische mit Öl bepinseln und bei mittlerer Hitze 12 – 15 Min. grillen, dann sehr vorsichtig mit Grillzange und Schaufel wenden und weitere 12 – 15 Min. grillen. Dazu passt sehr gut Rouille (siehe S. 59).

TIPP

Fürs abendliche Grillfest Fische schon nachmittags innen würzen und mit Kräutern und Orange füllen, abends dann nur noch außen salzen und pfeffern und auf den Grill legen.

VARIANTE **DORADE MIT FENCHEL**

Auch kleinere Doraden lassen sich gut auf diese Weise grillen. Nehmen Sie pro Esser 1 Dorade (à ca. 350 g). Die Doraden auf jeder Seite ca. 8 Min. grillen.

GEMÜSE, KÄSE & TOFU

Grillen ohne Gemüse kann ich mir gar nicht vorstellen. Das gehört für mich einfach dazu. Und wenn ich die knusprigen Quesadillas mit zartschmelzender Ziegenkäse-creme oder die mit Taleggio und Rucola gefüllten Portobellos vom Grill nehme, muss ich aufpassen, dass »die Kerle« den »Veggies« nicht alles wegessen.

GRILLGEMÜSE MIT TOMATENCONFIT

Von Auberginen bis Zucchini – ich liebe Grillgemüse! Und im Körbchen oder einer Schale gelingt es ganz unkompliziert.

Für das Tomatenconfit:
400 g kleine vollreife Strauchtomaten oder größere Cocktailtomaten
2 Frühlingszwiebeln
1 Knoblauchzehe
2 grüne Chilischoten
1 kleines Stück Ingwer (ca. 1 cm)
1 EL Öl
1 Schuss Weißwein
1 TL Rohrohrzucker
Salz | Pfeffer

Für das Gemüse:
500 g gemischtes Gemüse (z. B. 1 kleine Aubergine, 1 Zucchino, 100 g grüner Spargel, 1 Fenchelknolle und/ oder 1 Paprikaschote)
6 EL Olivenöl
1 EL Zitronensaft
Salz | Cayennepfeffer
Öl zum Bepinseln
Gemüsegrillgitter oder große Grillschale

Genuss aus dem Körbchen

Für 4 Personen | 45 Min. Vorbereitung | mind. 8 Min. Grillen
Pro Portion ca. 225 kcal, 3 g EW, 18 g F, 8 g KH

1 Für das Confit die Tomaten mit kochendem Wasser überbrühen und kurz darin ziehen lassen. Tomaten häuten und vierteln, dabei die Stielansätze entfernen. Die Frühlingszwiebeln putzen, waschen und fein hacken. Knoblauch schälen und hacken. Chili putzen, halbieren, nach Wunsch entkernen, waschen und in Streifchen schneiden. Ingwer schälen und fein reiben.

2 Öl erhitzen. Frühlingszwiebeln, Knoblauch, Chili und Ingwer darin 2 – 3 Min. andünsten. Wein dazugießen und verdampfen lassen. Tomaten dazugeben, Zucker darüberstreuen. Alles 5 – 10 Min. köcheln lassen, bis die Flüssigkeit verdampft ist. Das Confit mit Salz und Pfeffer abschmecken und in ein Schälchen füllen.

3 Das Gemüse waschen, trocken tupfen und putzen. Aubergine und Zucchino in knapp 1 cm dicke Scheiben oder Stücke schneiden. Den Spargel von den holzigen Enden befreien. Den Fenchel längs halbieren und ohne den Strunk in gleichmäßige Stücke teilen. Die Paprikaschote vierteln.

4 Gemüsegrillkorb oder Grillschale mit Öl einstreichen. Das Olivenöl mit Zitronensaft, Salz und Cayennepfeffer verrühren. Die Gemüsestücke damit bepinseln und in den geöffneten Grillkorb oder auf die Grillschale legen. Grillkorb dann schließen.

5 Den Grill vorheizen. Das Gemüse in der Schale oder im Korb auf dem heißen Grill bei mittlerer Hitze 8 – 12 Min. grillen, dabei einmal wenden. Mit Tomatenconfit und gegrillten Crostini genießen.

TIPP

Haben Sie Fenchel mit viel frischem Grün eingekauft? Dann machen Sie daraus ein Pesto, das auch als Dip passt: 1 Handvoll Fenchelgrün und 1 Bund glatte Petersilie waschen. Blätter abzupfen. 2 EL Mandelstifte und ½ TL Fenchelkörner in einer Pfanne ohne Fett anrösten. 1 Knoblauchzehe schälen und durchpressen. Alles mit 4 – 8 EL Olivenöl pürieren. 1 EL geriebenen Pecorino unterrühren. Pesto mit Salz, Pfeffer und abgeriebener Bio-Zitronenschale abschmecken.

BROTSPIESSE MIT HALLOUMI UND SENF-ÖL

1 EL braune Senfkörner | 1 Frühlingszwiebel | 4 Stängel glatte Petersilie | 1 kleiner Zweig Rosmarin | 100 ml Olivenöl | 1 TL abgeriebene Bio-Orangenschale | Salz | Pfeffer | 1 TL edelsüßes Paprikapulver | 250 g Halloumi-Käse | 1 kleines Fladenbrot | 2 rote Spitzpaprikaschoten | Öl zum Bepinseln | 4 Spieße (Holzspieße unbedingt vorher wässern!)

Ganz einfach gut

Für 4 Personen | 20 Min. Vorbereitung | mind. 8 Min. Grillen
Pro Portion ca. 410 kcal, 18 g EW, 30 g F, 19 g KH

1 Die Senfkörner in einer Pfanne ohne Fett anrösten, in einem Mörser grob zerstoßen. Frühlingszwiebel putzen, waschen und mit dem zarten Grün sehr fein schneiden. Petersilie und Rosmarin waschen und trocken schütteln. Die Blättchen bzw. Nadeln sehr fein hacken. 75 ml Öl mit Kräutern, Senfkörnern, Frühlingszwiebel und Orangenschale verrühren. Salzen und pfeffern.

2 Für die Spieße übriges Olivenöl mit dem Paprikapulver und 1 winzigen Prise Salz verrühren. Den Käse in ca. 2 cm große Würfel schneiden und mit dem Paprika-Öl vermischen.

3 Das Fladenbrot zunächst in ca. 2 cm breite Streifen, dann in Würfel schneiden. Spitzpaprika waschen, längs halbieren und putzen. Schoten passend zu Käse und Brot in Stücke schneiden.

4 Den Grill vorheizen. Brot, Paprika und Käse auf die Spieße stecken. Spieße mit Paprika-Öl bepinseln und bei mittlerer Hitze auf jeder Seite 2 – 3 Min. (insgesamt 8 – 12 Min.) grillen, bis das Brot knusprig ist. Mit dem Senf-Öl servieren.

GEMÜSESPIESSE MIT TEMPEH

1 vorgegarter Maiskolben | 4 EL Limettensaft | 3 EL Sojasauce | 1 EL brauner Zucker | ½ – 1 TL Chiliflocken | 2 Knoblauchzehen | 1 Tempeh-Rolle (200 g) | 1 maiskolbendicker Zucchino | 8 – 12 Cocktailtomaten | Öl zum Bepinseln | 4 große Spieße (Holzspieße unbedingt vorher wässern!)

Vegan

Für 4 Personen | 15 Min. Vorbereitung | mind. 2 Std. Marinieren | 12 Min. Grillen
Pro Portion ca. 175 kcal, 11 g EW, 9 g F, 11 g KH

1 Den Maiskolben waschen, trocken tupfen und mit einem Sägemesser in Rädchen schneiden.

2 Für die Marinade Limettensaft mit Sojasauce, braunem Zucker und Chili verrühren. Knoblauch schälen und dazupressen. Tempeh in knapp 1 cm dicke Scheiben schneiden. Zucchino waschen und ebenfalls in Scheiben schneiden. Mais, Tempeh und Zucchini mit der Marinade vermischen und darin mindestens 2 Std. ziehen lassen.

3 Dann Cocktailtomaten waschen und trocken tupfen. Alle Scheiben aus der Marinade nehmen, trocken tupfen und abwechselnd mit den Cocktailtomaten auf die Spieße stecken.

4 Den Grill vorheizen. Die Spieße mit Öl bepinseln. Den Rost mit Öl einreiben. Die Spieße auf dem heißen Grill bei mittlerer Hitze ca. 12 Min. grillen. Mit restlicher Marinade beträufelt servieren.

VARIANTE

Statt der Tempeh-Stücke oder nach Belieben zusätzlich können Sie auch kleine Champignonhüte auf die Spieße stecken.

KARTOFFELSPIESSE MIT RADIESERL-TOPFEN

750 g kleine neue Kartoffeln | Salz | 1 TL Kümmelsamen | 250 g Topfen oder Magerquark | 4 EL Crème fraîche | 2 – 3 TL Zitronensaft | Pfeffer | 7 – 8 Radieschen | ½ Bund Rucola | 1 Msp. abgeriebene Bio-Zitronenschale (nach Belieben) | frische Lorbeerblätter | Öl zum Bepinseln | 4 große Spieße (Holzspieße unbedingt vorher wässern!)

Preiswert

Für 4 Personen | 25 Min. Garen | 15 Min. Vorbereitung | 10 Min. Grillen
Pro Portion ca. 290 kcal, 12 g EW, 8 g F, 26 g KH

1 Die Kartoffeln waschen und dabei kräftig abbürsten. In einem Topf knapp mit Wasser bedecken und mit Salz und Kümmel zugedeckt bei mittlerer Hitze in 20 – 25 Min. knapp gar kochen. Dann abgießen und abkühlen lassen.

2 Den Topfen oder Quark mit Crème fraîche, 2 EL Zitronensaft, Salz und Pfeffer glatt rühren. Die Radieschen waschen, putzen und vierteln. Viertel jeweils quer in Scheibchen schneiden. Rucola waschen, trocken schütteln und ohne die groben Stiele in feine Streifen schneiden. Mit den Radieschen unter den Topfen rühren. Den Topfen mit Salz, Pfeffer und nach Belieben noch etwas Zitronensaft oder -schale abschmecken.

3 Die Kartoffeln abwechselnd mit Lorbeerblättern auf Spieße stecken und mit Öl bepinseln. Den Grill vorheizen. Den Rost mit Öl einreiben. Die Kartoffelspieße bei mittlerer Hitze 10 Min. grillen, dann mit dem Quark genießen. Zu den Kartoffeln schmeckt auch die Tomaten-Pfirsich-Salsa (siehe S. 10) oder eine Kräuterbutter (z. B. Kerbel-Schnittlauch-Butter (siehe S. 36)) sehr gut.

GEFÜLLTE PORTOBELLOPILZE

4 Portobellopilze (à ca. 100 g; Riesenchampignons) oder 8 große Egerlinge (à ca. 50 g) | 2 Frühlingszwiebeln | 2 Knoblauchzehen | 1 EL Olivenöl | 1 EL Pinienkerne | ½ Bund Rucola | 4 getrocknete Tomaten in Öl | Salz | Pfeffer | 100 g Taleggio | Öl zum Bepinseln

Würzig

Für 4 Personen | 20 Min. Vorbereitung | mind. 11 Min. Grillen
Pro Portion ca. 220 kcal, 8 g EW, 20 g F, 2 g KH

1 Die Portobellopilze mit einem feuchten Tuch abreiben. Stielenden abschneiden. Restliche Stiele herausdrehen und fein hacken. Aus den Hüten mit einem Teelöffel die dunklen Lamellen herauskratzen und etwas kleiner hacken. Frühlingszwiebeln putzen, waschen und mit dem zarten Grün fein schneiden. Knoblauch schälen und hacken.

2 Olivenöl in einer Pfanne erhitzen. Pinienkerne kurz anrösten. Pilzstiele, -lamellen, Knoblauch und Frühlingszwiebeln dazugeben und alles 3–5 Min. unter Rühren dünsten; in eine Schüssel geben.

3 Rucola waschen, trocken schütteln und ohne die groben Stiele in feine Streifen schneiden. Tomaten abtropfen lassen und in winzige Würfel schneiden. Beides zur Pinienkern-Mischung geben, vorsichtig salzen und pfeffern. Taleggio entrinden, in sehr kleine Würfel schneiden und unterrühren.

4 Den Grill vorheizen. Den Rost mit Öl einreiben. Pilzhüte mit Öl bepinseln, mit der offenen Seite nach unten auf den Rost setzen und bei mittlerer Hitze 3–5 Min. grillen. Die Hüte umdrehen, mit der Käsemischung füllen und ca. 8 Min. weitergrillen (möglichst mit geschlossenem Deckel), bis der Käse leicht geschmolzen ist.

QUESADILLAS MIT ZIEGENKÄSE

Das Rezept kommt ursprünglich aus Mexiko. Bei den Tortillafladen mit der schmelzenden Käsecreme können auch eingeschworene Fleisch-Fans nicht widerstehen.

1 kleines Bund Schnittlauch
½ Bund Dill
1 kleine rote Zwiebel
300 g Ziegenfrischkäse
40 g Ziegengouda
4 getrocknete
in Öl eingelegte Tomaten
Piment d'Espelette oder
Cayennepfeffer
Salz
1 Packung Weizentortillas
(Fertigprodukt; 6 – 8 Stück)
Öl zu Bepinseln

Grillen crossover

Für 4 Personen |
15 Min. Vorbereitung |
mind. 6 Min. Grillen
Pro Portion ca. 605 kcal,
24 g EW, 23 g F, 72 g KH

1 Schnittlauch und Dill waschen und trocken schütteln. Den Schnittlauch in feine Röllchen schneiden, Dillspitzen von den Stängeln zupfen und fein schneiden. Die Zwiebel schälen und so fein wie möglich würfeln.

2 Kräuter und Zwiebel mit dem Frischkäse verrühren. Den Ziegengouda fein reiben und unterrühren. Die eingelegten Tomaten abtropfen lassen, sehr fein schneiden und unterrühren. Die Käsecreme mit Piment d'Espelette oder Cayennepfeffer und vorsichtig mit Salz abschmecken.

3 Den Grill vorheizen. Den Rost mit Öl einreiben. Die Tortillafladen auf einer Seite dünn mit Öl bepinseln, nebeneinander auf den Rost legen (evtl. in zwei Portionen) und bei starker Hitze 2 Min. grillen. Die Fladen mit Grillhandschuhen oder einer Grillschaufel vom Rost nehmen. Die Hälfte der Fladen auf der gegrillten Seite mit der Käsemischung bestreichen. Die anderen Fladen mit der gegrillten Seite nach unten daraufsetzen. Quesadillas dünn mit Öl bepinseln und wieder auf den Grill legen. 2 Min. grillen, dann umdrehen und weitere 2 Min. grillen (wenn möglich mit geschlossenem Deckel), bis die Tortillas geröstet sind und der Käse erhitzt und leicht geschmolzen ist. Die Quesadillas vom Grill nehmen und auf Teller gleiten lassen. Mit einem großen scharfen Messer wie eine Torte in Stücke schneiden und servieren.

VARIANTE

FÜR KINDER
Ziegenkäse ist Kindern oft zu würzig. Füllen Sie die Quesadillas dann einfach mit Emmentaler und Doppelrahmfrischkäse.

MAIS MIT BUNTER PFEFFERBUTTER

Salz | 4 frische Maiskolben | 2 Sternanis | 100 g weiche Butter | 1 Knoblauchzehe | 1 TL bunte Pfefferkörner (rosa, grün und schwarz) | 1 Msp. abgeriebene Bio-Limettenschale | Salz | Zahnstocher | Öl zum Bepinseln

Klassiker

Für 4 Personen | 10 Min. Vorbereitung | 20 Min. Vorkochen | 10 Min. Grillen
Pro Portion ca. 265 kcal, 2 g EW, 24 g F, 10 g KH

1 Reichlich Wasser aufkochen und salzen. Die Maiskolben mit dem Sternanis darin 15 – 20 Min. vorkochen, abgießen und eiskalt abschrecken.

2 Inzwischen die Butter glatt rühren. Knoblauch schälen und dazupressen. Pfefferkörner in einem Mörser grob zerstoßen oder mit einer Gewürzmühle grob mahlen und mit der Limettenschale und 1 TL Salz unter die Butter rühren. Butter abschmecken, zu einer Rolle formen und kühl stellen.

3 Maiskolben halbieren und dünn mit Butter bestreichen. Den Grill vorheizen. Den Rost mit Öl einreiben. Die Kolben bei mittlerer Hitze ca. 10 Min. grillen, dabei mehrmals wenden. Zum Servieren Zahnstocher rechts und links in die Kolben stecken. Den Mais mit der restlichen Pfefferbutter servieren.

TIPP

Frische Maiskolben mit Blättern müssen nicht vorgegart werden. Blätter zurückstreifen, aber nicht ablösen. Fäden entfernen. Maiskolben 30 Min. in Wasser einweichen, dann trocken tupfen und dick mit Pfefferbutter bestreichen. Mit den nassen Blättern bedecken. Blätter oben mit Küchengarn zusammenbinden und 30 – 40 Min. grillen, dabei mehrmals wenden.

TOFU-SPIESSE MIT PHYSALIS

1 rote Chilischote | 1 kleines Stück Ingwer (ca. 2 cm) | 6 EL Zitronensaft | 5 EL Sojasauce | 4 EL Öl | 400 g Naturtofu | 1 dickes Bund schmale Frühlingszwiebeln | gut 100 g Physalis | 8 große Spieße (Holzspieße vorher wässern!) | Öl zum Bepinseln

Vegan

Für 4 Personen | 10 Min. Vorbereitung | mind. 2 Std. Marinieren | mind. 12 Min. Grillen
Pro Portion ca. 290 kcal, 14 g EW, 22 g F, 9 g KH

1 Die Chilischote putzen, halbieren, entkernen, waschen und sehr fein (fast musig) hacken. Ingwer schälen und reiben. Beides in einer Schüssel mit Zitronensaft, Sojasauce und Öl verrühren. Den Tofu abspülen, leicht ausdrücken und in 2–3 cm große Würfel schneiden. Würfel nach Belieben etwas einritzen oder einstechen (so nehmen sie die Marinade besser auf) und mit der Marinade in einen Gefrierbeutel geben. Beutel verschließen und vorsichtig durchkneten, damit sich Tofu und Marinade gut verbinden. Tofu mindestens 2 Std., am besten über Nacht, marinieren.

2 Die Frühlingszwiebeln putzen, waschen und in 2–3 cm große Stücke schneiden. Die Physalis schälen, waschen und trocken tupfen. Die Tofuwürfel aus der Marinade nehmen, auf Küchenpapier legen und sehr gut trocken tupfen. Die restliche Marinade aufheben. Die Frühlingszwiebeln und Physalis abwechselnd mit den Tofuwürfeln auf die Spieße stecken.

3 Grill vorheizen. Den Rost mit Öl einreiben. Spieße bei mittlerer Hitze auf dem Rost 12–15 Min. grillen, dabei mehrmals wenden. Zum Servieren die Spieße mit restlicher Marinade bestreichen.

MINI-FOCACCIA VOM GRILL

250 g Mehl | Salz | 1/3 Hefewürfel (ca. 15 g) | Zucker | 4 EL Olivenöl | 1 EL getrockneter Thymian | 1 EL grobes Meersalz | Mehl für die Arbeitsfläche | Öl zum Bepinseln

Heiß genießen!

Für 4 kleine Fladen | 20 Min. Vorbereitung | 40 Min. Ruhen | mind. 16 Min. Grillen
Pro Fladen ca. 345 kcal, 7 g EW, 16 g F, 44 g KH

1 Mehl in eine Schüssel sieben. 1 Prise Salz darüberstreuen. Hefe zerkrümeln und mit 1 Prise Zucker in gut 150 ml lauwarmen Wasser auflösen. Hefewasser und 1 EL Öl nach und nach zum Mehl geben und mit den Knethaken des Handrührgeräts verkneten, bis sich der Teig von der Schüssel löst und eine glatte Oberfläche bekommt. Dann mit den Händen weiterkneten. Falls nötig, noch etwas Mehl oder 1 Spritzer Wasser unterkneten. Teig mind. 40 Min. zugedeckt gehen lassen, bis sich sein Volumen verdoppelt hat.

2 Den aufgegangenen Teig in vier Portionen teilen. Jede Portion zu einer Kugel formen und zu einem fingerdicken Fladen ausziehen oder -rollen. Die Fladen mit dem übrigen Öl bepinseln und mit Thymian und Meersalz bestreuen.

3 Ein großes Stück Alufolie mit einer Gabel löchern, mit Öl bepinseln und auf den Grillrost legen. Die Fladen mit der bestreuten Seite nach oben auf die Folie legen und bei kleiner bis mittlerer Hitze 8–10 Min. grillen, dann vorsichtig wenden und weitere 8–10 Min. grillen.

TIPP

Für ein Veggie-Sandwich die heißen Fladenbrote aufschneiden. Die unteren Hälften mit Grillgemüse (siehe S. 48) belegen. Nach Wunsch 1–2 EL Tomatenconfit (siehe S. 48) oder Limetten-Gurken-Joghurt (siehe S. 59) darauflöffeln und 20–30 g Feta-Schafkäse darüberbröckeln. Die oberen Hälften auflegen und das Sandwich gleich genießen.

LIMETTEN-GURKEN-JOGHURT

Salz | 1 Bio-Minigurke | 250 g Sahnejoghurt | 1 – 2 TL Limettensaft | ½ TL abgeriebene Bio-Limettenschale | 2 EL fein gehackte Petersilie | 1 – 2 Knoblauchzehen | Pfeffer

Erfrischend sommerlich

Für 4 Personen | 15 Min. Zubereitung
Pro Portion ca. 75 kcal, 2 g EW, 6 g F, 4 g KH

1 Die Gurke waschen, putzen und längs halbieren. Die Kerne mit einem Löffel aus den Hälften schaben. Die Gurke raspeln, mit etwas Salz bestreuen und etwas Wasser ziehen lassen.

2 Den Joghurt mit 1 TL Limettensaft, Limettenschale und Petersilie verrühren. Knoblauch schälen und dazupressen. Die Gurkenraspel gut ausdrücken und ohne die Flüssigkeit unterrühren. Den Joghurt mit Salz, Pfeffer und evtl. noch etwas Limettensaft abschmecken. Er passt gut zu Gemüse, aber auch zu gegrilltem Fleisch.

ROUILLE

1 kleine mehligkochende Kartoffel | 1 rote Chilischote | 1 TL Tomatenmark | Salz | 1 Msp. Safranpulver | 1 zimmerwarmes frisches Ei | 1 – 2 Knoblauchzehen | 80 – 100 ml zimmerwarmes Olivenöl | Pfeffer | 1 TL Zitronensaft

Mayo mit Chili-Kick

Für 4 Personen | 15 Min. Zubereitung
Pro Portion ca. 245 kcal, 3 g EW, 24 g F, 3 g KH

1 Kartoffel schälen, klein schneiden und zugedeckt in wenig Wasser in 10 – 15 Min. weich kochen. Dann abgießen und abkühlen lassen.

2 Inzwischen Chili putzen, entkernen, waschen und sehr fein hacken. Mit dem Tomatenmark, ½ TL Salz, Safran und dem Ei in einer Schüssel verquirlen. Knoblauch schälen und dazupressen. Alles mit dem Handrührgerät verrühren. Zunächst teelöffelweise, dann in dünnem Strahl das Öl dazugeben und untermixen, bis eine dicke rote Mayonnaise entsteht. Abgekühlte Kartoffel durch eine Presse dazudrücken und unterrühren. Rouille mit Salz, Pfeffer und Zitronensaft abschmecken.

REGISTER

Zum Gebrauch
Damit Sie Rezepte mit bestimmten Zutaten noch schneller finden, stehen in diesem Register auch beliebte Zutaten wie **Mais** oder **Tomaten** alphabetisch eingeordnet und hervorgehoben. Darunter finden Sie das Rezept Ihrer Wahl. Vegetarische Rezepte, die im Buch mit einem 🍃 gekennzeichnet sind, sind hier grün abgesetzt.

A/B/C

D/E/F

G

H/J

K

L

M/O

Projektleitung:
Stefanie Poziombka
Lektorat: Adelheid Schmidt-Thomé
Korrektorat: Mischa Gallé
Herstellung: Sigrid Frank
Satz: Kösel, Krugzell
Innen- und Umschlaggestaltung: independent Medien-Design, Horst Moser, München
Reproduktion: Repro Ludwig, Zell am See
Druck und Bindung: Firmengruppe APPL, aprinta druck, Wemding
Syndication:
www.jalag-syndication.de

3. Auflage 2014
ISBN 978-3-8338-3770-8

www.facebook.com/gu.verlag

GRÄFE UND UNZER

Ein Unternehmen der
GANSKE VERLAGSGRUPPE

Die Autorin

Die Literaturwissenschaftlerin und leidenschaftliche Köchin **Susanne Bodensteiner** arbeitet seit vielen Jahren als freie Food-Autorin und -Lektorin. Einen Sommerabend möchte sie mit Familie und Freunden unbeschwert genießen: Deshalb legt sie am liebsten auf den heißen Rost, was sich ohne allzu großen Aufwand gut vorbereiten und unkompliziert in überschaubarer Zeit grillen lässt.

Der Fotograf

Jörn Rynio zählt zu seinen Auftraggebern internationale Zeitschriften, namhafte Buchverlage und Werbeagenturen. Der gebürtige Hamburger setzt Food-Spezialitäten stimmungsvoll in Szene – tatkräftig unterstützt von **Michaela Suchy** (Styling) und **Reiner Meidinger** (Foodstyling).

Bildnachweis

Titelfoto: Wolfgang Schardt, Hamburg; Autorenbild/Vorwort: privat; alle Fotos: Jörn Rynio

Titelbildrezept

Ochsenkotelett mit Chimichurri (S. 12)

QUALITÄTS G|U GARANTIE

Liebe Leserin, lieber Leser,

haben wir Ihre Erwartungen erfüllt? Sind Sie mit diesem Buch zufrieden? Haben Sie weitere Fragen zu diesem Thema? Wir freuen uns auf Ihre Rückmeldung, auf Lob, Kritik und Anregungen, damit wir für Sie immer besser werden können.

GRÄFE UND UNZER Verlag
Leserservice
Postfach 86 03 13
81630 München
E-Mail:
leserservice@graefe-und-unzer.de

Telefon: 00800 / 72 37 33 33*
Telefax: 00800 / 50 12 05 44*
Mo–Do: 8.00–18.00 Uhr
Fr: 8.00–16.00 Uhr
(gebührenfrei in D, A, CH)*

Ihr GRÄFE UND UNZER Verlag
Der erste Ratgeberverlag – seit 1722.

Umwelthinweis

Dieses Buch ist auf PEFC-zertifiziertem Papier aus nachhaltiger Waldwirtschaft gedruckt.

So viel mehr lecker.

ISBN 978-3-8338-3775-3

ISBN 978-3-8338-3435-6

ISBN 978-3-8338-3431-8

ISBN 978-3-8338-3771-5

ISBN 978-3-8338-3432-5

Laden im App Store

ANDROID APP BEI Google play

e Alle hier vorgestellten Bücher sind auch als eBook erhältlich.

Mehr von GU auf **www.gu.de** und
facebook.com/gu.verlag

G|U

Willkommen im Leben.

SOMMERLEICHTE SALATE

Für mich ein Muss auf jedem Grillfest! Je nachdem, was auf dem Rost liegt, wähle ich die frisch-fruchtige oder asiatisch inspirierte Variante.

SOMMERSALAT MIT GRILL-PFIRSICH

FÜR 4 PERSONEN 180 g würzige Salatblätter verlesen, waschen, trocken schleudern und in einer großen flachen Form auslegen. 100 g Ziegenkäserolle zerbröckeln und darauf anrichten. 2 EL Pinienkerne leicht anrösten und darübergeben. Gut 2 EL Balsamico bianco, 1 ½ TL Dijonsenf und 1 ½ TL flüssigen Honig mit Salz und Pfeffer verrühren, 6 EL Olivenöl unterrühren. 2 weiße Pfirsiche waschen, halbieren und entkernen. Hälften in je 3 Spalten schneiden und mit etwas Honig bestreichen. ½ TL bunte Pfefferkörner grob zerstoßen und darüberstreuen. Eine Grillschale mit Öl bepinseln und auf den heißen Rost setzen. Pfirsichspalten darin ca. 6 Min. grillen, dabei einmal wenden. Auf dem Salatbett anrichten. Dressing darüberträufeln.

SPITZKOHLSALAT MIT CHILI

FÜR 4 PERSONEN 1 Spitzkohl (ca. 700 g) putzen, halbieren und ohne Strunk in sehr feine Streifen hobeln. Mit gut ½ TL Salz bestreuen und ca. 5 Min. lang kräftig mit den Händen durchkneten. 1 grüne Chilischote putzen, halbieren, entkernen und waschen. Chili in feinste Streifen schneiden. 1 kleines Bund Koriandergrün waschen und trocken schütteln. Blättchen grob hacken und bis auf einen kleinen Rest mit den Chilistreifen zum Kohl geben. 4–5 EL Reisessig oder milden Weißweinessig mit 1 TL Rohrohrzucker, Salz und Pfeffer verrühren, 3 EL Erdnussöl und 1 TL Sesamöl unterschlagen. Kohl mit der Vinaigrette mischen und ziehen lassen. Vor dem Servieren 2 EL Erdnusskerne hacken und mit dem übrigen Koriandergrün aufstreuen.